Jörg Gutzwiller
Hundert Schweizer – eine Stimme, die Stimme christlichen Glaubens

# Hundert Schweizer – eine Stimme, die Stimme christlichen Glaubens

Herausgegeben von Jörg Gutzwiller

 Gotthelf Verlag Zürich

Gewidmet den Christen in unserem Land
zur Ermutigung

Umschlag: Staatsarchiv Schwyz, Fotosammlung

©1988 Gotthelf Verlag Zürich
Gesamtherstellung CVB Buch + Druck, Zürich
ISBN 3-85706-253-3

## Vorwort

Die ältere Generation, welche die Landesausstellung von 1939 erlebt hat, wird sich noch erinnern an die 160 Porträts berühmter Schweizerinnen und Schweizer in der Ehrenhalle.

Im Blick auf die 700-Jahr-Feier der Eidgenossenschaft habe ich die Reihe bedeutender Schweizer von damals mir wieder vergegenwärtigen und sie zugleich bis in die Gegenwart weiterführen wollen. Nun hat mich ein Aspekt vor allem interessiert: Was war der Glaube, der diese Schweizerinnen und Schweizer erfüllt hat?

Indem ich Äusserungen ihres Glaubens suchte und sammelte, ist dieses kleine Brevier entstanden. Es erhebt keinesfalls Anspruch auf Vollständigkeit. Stellvertretend für Ungezählte stehen hier 100 berühmte Namen.

Der Glaube äussert sich durch die Jahrhunderte in weiter Vielfalt. Hier wurde keine uniforme Linie angestrebt, denn diese schöne Vielfalt zur Geltung zu bringen, ist ein Gebot der Toleranz. Sie wird dafür belohnt durch den Reichtum dieser Glaubensäusserungen. In ihnen lebt etwas vom Besten unseres geistigen Erbes.

Vernehmbar werden soll die Stimme des Glaubens, welche sich als lebendige Beziehung zu Gott und zu Christus ausdrückt, als grundlegende Überzeugung ein Leben prägt und eine Sicht enthält von der Bestimmung unseres Volkes.

Die vorliegenden Texte sind in diesem Sinne nicht bloss als schöne Worte zu lesen, sondern vielmehr als Herausforderung an uns als Einzelne und als Volk zu meditieren!

Jörg Gutzwiller

Friede ist allweg in Gott,
denn Gott ist der Friede,
und Friede mag nicht zerstört werden,
Unfriede aber wird zerstört.

KLAUS VON FLÜE  1417–1487
Ratsherr, Offizier, Einsiedler

Bringt euer Leben zu als in der Gegenwart Gottes.

JOHANNES OEKOLAMPAD   1482–1531
Reformator in Basel

Nun wisst ihr wohl, was Bruder Klaus von der Flüe mit tiefem Ernst von der Eidgenossenschaft geredet hat, nämlich: dass diese kein anderer Herr überwinden könne als der Eigennutz. Sagt aber einer: Wie sollen wir wieder zur Einigkeit kommen? So antworte: Durch Ablegen des Eigennutzes. Sagt aber einer «Eigennutz liegt im Herzen eines jeden, wir können ihn nicht daraus entfernen», so gib zur Antwort: Wenn Gott nicht in des Menschen Herz ist, so ist nichts darin als nur der Mensch allein. Wo hingegen Gott das Herz des Menschen besitzt, da denkt der Mensch nun, was Gott gefalle und dem Nächsten nütze. Nur der Eigennutz kann die Eidgenossenschaft zerstören.

Erstochene Gewissen sind ein zu hoher Preis für Gewinn und Macht.

Grössere Not gibt es nicht, als wenn ein Volk von Gott abfällt. Wo dagegen Gottesfurcht ist, da ist Hilfe Gottes.

Da, wo die Ehre Gottes und die Wohlfahrt des Staates in Gefahr stehen, muss man nie nachgeben.

HULDRYCH ZWINGLI   1484–1531
Reformator in Zürich

Ich liebe die ganze Eidgenossenschaft und wünsche aller Heil. Um das eine bete ich, dass Gott unserer Schweiz den Geist der Eintracht verleihe; durch Uneinigkeit sehe ich alles wieder dahinfallen, was bei Einigkeit niemals wird erschüttert werden können.

JOACHIM VON WATT   1484–1551
Stadtarzt, Bürgermeister, Reformator in St. Gallen

Da Gott das Licht in unsere Blindheit,
die Wahrheit in unseren Irrtum,
die Gnade in unseren Abfall gesendet hat,
gebührt uns, solche Gnade nicht auszuschlagen,
sondern anzunehmen mit Besserung und Erneuerung unseres Lebens;
denn das wird vor Gott niemand entschuldigen,
wenn man nicht nach erkannter Wahrheit lebt und handelt.

BERCHTOLD HALLER   1492–1536
Reformator in Bern

So die Liebe bei uns wäre, so hätt jedermann genug von Jugend auf bis in sein Tod.

Nun soll die Liebe bei den Reichen sein,
bei denen, die den Nutz der Erden haben. Ist sie da, wie selig ist die Erden, die das Volk trägt.

Ist sie nit da, so wachsen da Diebe
und ein jeglicher sinnet ihm nach, wie er auch reich werd.

THEOPHRASTUS PARACELSUS   1493–1541
Arzt, Forscher

Da Gott das Licht in unsere Blindheit,
die Wahrheit in unseren Irrtum,
die Gnade in unseren Abfall gesendet hat,
gebührt uns, solche Gnade nicht auszuschlagen,
sondern anzunehmen mit Besserung und Erneuerung unseres Lebens;
denn das wird vor Gott niemand entschuldigen,
wenn man nicht nach erkannter Wahrheit lebt und handelt.

BERCHTOLD HALLER   1492–1536
Reformator in Bern

So die Liebe bei uns wäre, so hätt jedermann genug von Jugend auf bis in sein Tod.

Nun soll die Liebe bei den Reichen sein, bei denen, die den Nutz der Erden haben. Ist sie da, wie selig ist die Erden, die das Volk trägt.

Ist sie nit da, so wachsen da Diebe und ein jeglicher sinnet ihm nach, wie er auch reich werd.

THEOPHRASTUS PARACELSUS    1493–1541
Arzt, Forscher

Hat Gott nicht allen seinen ewigen, gerechten, wohlwollenden, heiligen Willen vorgelegt?

Man soll Gott glauben und vertrauen als dem Wahrhaften, welcher nicht täuschen kann.

**THEODOR BIBLIANDER** 1504–1564
Sprachforscher, Reformator

Bittet Gott eifrig, dass er euch mit seinem Geist leite. Habe ich doch oft erfahren, wie mir das gläubige Gebet in grossen Gefahren reichen Segen gebracht hat.

Wir ermuntern das Volk zur festen Hoffnung auf Gott!

Bitte vor allem Gott um einen festen und wahren Glauben.

HEINRICH BULLINGER 1504–1575
Reformator in Zürich

Wir sind Gottes Eigentum, darum soll seine Weisheit und sein Wille uns führen in all unserem Tun.

Gott gehören wir, nicht uns selber.
Gott hat uns seine Gaben zu treuen Handen anvertraut: einst müssen wir Rechenschaft darüber ablegen.

Wer sich in die Knechtschaft des Reichtums begibt, verlässt den Herrschaftsbereich Gottes.

Wenn wir Gott nicht in Christus erkennen, werden wir ewig herumtappen.

JOHANNES CALVIN   1509–1564
Reformator in Genf

Ein Arzt muss vor allen Dingen der Gottesfurcht ergeben sein, gedenkend, dass all seine Kunst und all sein Wissen nur Stückwerk sei, dass er alles vom Geber aller guten Gaben empfangen habe und den Segen des Höchsten dafür erwarten müsse. Deshalb muss er sich an das Gebet halten, Gott in seinem Tun und Lassen vor Augen haben.

JOHANNES VON MURALT 1645–1733
Professor der Medizin in Zürich

Preist mit mir, ihr Liebhaber der Naturwissenschaften,
in stiller, heiliger Verwunderung
die anbetungswürdige Weisheit des grossen Gottes.

JOHANN JAKOB SCHEUCHZER   1672–1733
Naturforscher, Historiker in Zürich

Je ernster die Naturforschung betrieben wird, desto weniger führt sie zum Aberglauben an den Stoff, zum Materialismus.
Je tiefer einer eindringt, desto mehr kommt er zur Ehrfurcht und zum Glauben an einen überragenden Schöpfer mit unendlicher Weisheit.

ALBRECHT VON HALLER    1708–1777
Universalgelehrter in Bern

Nichts erhebt die vernünftige Seele so sehr,
als das Wesen zu denken,
welches ewig auf eine unergründliche Weise
für jeden einzelnen Menschen mit der Liebe eines Vaters sorgt.

ISAAK ISELIN   1728–1782
Ratsschreiber, Philosoph in Basel

Dreierlei Menschenklassen:
Rückgeher
Stillsteher
Fortgeher

Ein Christ sein heisst
ein ganzer Mensch sein.

Eure Herzen müssen voll von Christus werden.

JOHANN CASPAR LAVATER   1741–1801
Schriftsteller, Pfarrer in Zürich

Die innere Kraft der Menschennatur ist die Kraft Gottes. Ein menschlichkeitsleeres Regieren, das diese Kraft Gottes nicht kennt und sich nicht auf sie als seinen ewigen Hintergrund stützt, ist kein göttliches, es ist kein dem Menschen von Gott eingegebenes Regieren, und hätte es sich auch im Kreis seiner Routinefertigkeit und seines Routineschlendrians zu höchster Gewandtheit erhoben…

Gott ist die näheste Beziehung der Menschheit.
Gott – Vater deines Hauses, Quell deines Segens – Gott – dein Vater, in diesem Glauben findest du Ruhe und Kraft und Weisheit, die keine Gewalt, kein Grab in dir erschüttert.

Glauben an Gott – Quelle der Ruhe des Lebens – Ruhe des Lebens, Quelle innerer Ordnung – innere Ordnung, Quelle der unverwirrten Anwendung unserer Kräfte – Ordnung in der Anwendung unserer Kräfte, Quelle ihres Wachsthumes und Bildung zur Weisheit – Weisheit, Quelle alles Menschensegens.

Glauben an Gott, Quelle aller Weisheit und alles Segens und Bahn der Natur zur reinen Bildung der Menschheit.

Glauben an Gott, du bist der Menschheit in ihrem Wesen eingegraben, wie der Sinn vom Guten und Bösen, wie das unauslöschliche Gefühl von Recht und Unrecht, so unwandelbar fest liegst du als Grundlage der Menschenbildung im Innern unserer Natur.

HEINRICH PESTALOZZI  1746–1827
Pädagoge

Wenn ihr euch glücklich schätzt, dass ihr eure Würde und Bestimmung erkennt; glücklich, dass ihr einer besseren Welt entgegensehen dürft – dies alles seid ihr dem Christentum schuldig.

Wenn es einen Menschen gibt, der aufrichtig liebt und der Menschheit zugetan ist – wünschen wird er, dass der Geist Jesu sich über die ganze Menschengattung ausgiesse, sie erleuchte und belebe. Mit diesem Geist belebt wären ihre Würde und ihr Wohlsein auf immer sichergestellt.

Wie schön ist es, ein Christ, ein Schüler Jesu zu sein! Wer einen Christen nennt, der hat einen Menschenfreund genannt, welcher sich angelegen sein lässt, Wahrheit und Glück um sich zu verbreiten; der Hand in Hand mit Jesus geht, der leidenden Menschheit aufzuhelfen.

GREGOR GIRARD 1765–1850
Pädagoge in Fribourg

## GIOVANNI SEGANTINI
1858–1899

Sein
1897/99

Das Leben lehrt vielerlei, doch für jeden, der nachdenkt, bringt es uns Gottes Willen immer näher; nicht etwa, weil die Fähigkeiten abnehmen, sondern im Gegenteil, weil sie zunehmen.

GERMAINE DE STAËL  1766–1817
Schriftstellerin in Genf

In seiner ursprünglichen Reinheit ist das Christenthum das wirksamste Mittel, das Gewissen zu schärfen, die Menschen zum Gefühl ihrer Würde zu erheben, die Selbstsucht zu bekämpfen und alle Tugenden zu entwickeln, welche die Zierde der menschlichen Natur und ohne die keine wahrhaft republikanischen Gesinnungen möglich sind. – Das Christenthum ist allem feind, was schlecht und niedrig ist: es lehrt den Eigennuz dem gemeinen Wohl, die Regungen der Leidenschaft den Geboten der Vernunft, das Vergnügen der Pflicht, und alles dem Gewissen aufzuopfern.

Auf allen Seiten der Geschichtsbücher der Menschheit, stehts mit Blut geschrieben, mit mordendem Stahl eingegraben, auf allen öden Brandstätten eingebrannt, dass ohne geläuterte und warme Religiosität keine Menschenwohlfahrt bestehen kann.

PHILIPP ALBERT STAPFER   1766–1840
Minister

Wahre Humanität zu befördern ist das höchste Ziel, nach dem ich strebe. Die Überzeugung von einer höheren Leitung und die dankbare Erinnerung an den Segen des Himmels, der mich bisher begleitete, sollen mich stärken.

HANS CONRAD ESCHER VON DER LINTH   1767–1823
Politiker in Zürich

Der Mensch kann und darf die sinnende Betrachtung
über seine eigene Natur,
über sein Verhältnis zu Gott,
zu seinesgleichen und zur Welt
nicht abweisen.

IGNAZ PAUL VITAL TROXLER   1780–1866
Pädagoge, Philosoph

Unternehmt zur rechten Zeit,
was nun eine neue Welt verlangt.

Nicht Dreinschlagen und nicht Rechthaberei erneuert einen Staat,
sondern das Zusammenraffen der besten Kräfte im Volk,
verbunden mit Achtung vor dem Gegner, Liebe zum Gegner, Hingabe
an ein gemeinsames Ziel.

Auch die Völker müssen einmal zusammenwachsen
zu einer Einheit – zu einer Familie unter dem Himmel.

GUILLAUME HENRI DUFOUR   1787–1875
General

Sollte denn wirklich ein Widerspruch bestehn zwischen Gott und der Natur? zwischen der Urkraft und ihren Wirkungen? Lässt es sich denken, dass die menschliche Vernunft, mit beiden in innigstem Zusammenhang, nothwendig auf Widersprüche stosse, je nachdem sie den Ideen, die sie in ihrem Bewusstsein als das Höchste und Edelste ihres Daseins erkennt, einen Halt und Hort sucht, oder je nachdem sie die oberste Ursache der Aussenwelt zu erkennen strebt? Unmöglich!

Die edlere Menschheit lebt des Glaubens, dass sie einem Ziele von ungeahnter Herrlichkeit zugehe, dass sie auch auf dieser Erde eine Bestimmung zu erfüllen habe, deren Verwirklichung jeder, während der kurzen Dauer seines Daseins, soll fördern helfen.

BERNHARD STUDER  1794–1887
Professor der Geologie in Bern

Mehr denn je bin ich überzeugt, dass der wahre Schutz der Schweiz nicht ihre Neutralität, sondern ihre Sittlichkeit ist. Die erste ist von der zweiten abhängig.

Das Christentum
ist in der Welt die unsterbliche Saat der Freiheit.

Wir sind der Ansicht, dass Gottesglaube die einzige Grundlage des Staatslebens und das einzige Heilmittel für eine kranke Menschheit ist.

ALEXANDRE VINET   1797–1847
Theologe in der Waadt

Das Einstehen für Schwache und ihre Rechte,
gegen die Unbarmherzigen, heissen sie wie sie wollen,
halten wir für den wahren christlichen Mut,
und den christlichen Mut für den höchsten unter allen Arten von Mut.

Man spricht viel vom guten Ton; der wahre gute Ton für alt und jung, für Reiche und Arme und für alle fünf Weltteile wäre doch der milde Ton, der freundliche Ton, in welchem die Liebe liegt, welche aus dem Herzen kommt.

Vergiss nie, dass die Liebe die Hauptsache ist und nicht das Geld, und mach nicht, dass das Geld der Rost wird, welcher die Liebe frisst.

**JEREMIAS GOTTHELF   1797–1854**
Pfarrer in Lützelflüh, Schriftsteller

Welch erregte Zeit!
Und doch so ein geheimes Walten der Gnade, dass man hie und da, wo niemand dran denkt, in die sichtbaren Fussstapfen des lebendigen Gottes hineinsinken und anbeten möchte.

META HEUSSER 1797–1876
Dichterin

Tun, was Christus lehrt,
Gott lieben, wie er uns geliebt,
und niemanden fürchten, wie er es getan,
im Geist und in Wahrheit beten:
das ist meine Religion und zwar so tief ins Herz mir gegraben,
dass kein Sturm des Lebens sie je verrücken wird.

AUGUSTIN KELLER   1805–1883
Landammann, Ständerat, Nationalrat in Aarau

Das Bedürfnis der Zeit
ist Gottes Wille.

THEODOSIUS FLORENTINI   1808–1865
Philanthrop

Je tiefer wir eindringen in die Erkenntnis der Natur, desto inniger wird auch unsere Überzeugung, dass nur der Glaube an einen allmächtigen, allweisen Schöpfer, der Himmel und Erde nach ewig vorbedachtem Plane erschaffen hat, die Rätsel der Natur wie des menschlichen Lebens zu lösen vermöge.

OSWALD HEER   1809–1883
Professor für Botanik in Zürich

Alle Religion ist am Ende Durchdringung des Menschengeistes mit dem Geiste Gottes.
Es ist wichtig, dass jene ursprüngliche Basis der Einheit zu jeder Zeit mit Liebe bewahrt werde als das brüderliche Band, das die Christen aller Konfessionen verbindet.

Das Gesetz der Liebe ist das höchste Gebot, das Christus, der Herr, uns gegeben hat. Ich scheue mich nicht, es öffentlich als Regel meines Lebens zu bekennen.

PHILIPP ANTON VON SEGESSER   1817–1888
Rechtshistoriker, Regierungsrat in Luzern, Nationalrat

Demütigen wir uns vor Gott, so werden wir vor den Menschen bestehen. Trennen wir daher nicht den Staatsbürger vom vollen und ganzen Menschen, welcher, mitten in der Gemeinschaft, einsam und verantwortlich der göttlichen Weltordnung gegenübersteht.

Steigen wir hinab in die Grundtiefen unseres persönlichen Gewissens und schaffen uns dort die wahre Heimat, so werden wir ohne Neid und ohne Furcht in die Zukunft blicken können.

GOTTFRIED KELLER  1819–1891
Dichter, Staatsschreiber in Zürich

Es geht um einen stillen,
ernsten Bund der Seele mit Gott
für alle Zukunft.

CARL SCHENK  1823–1895
Regierungsrat in Bern, Nationalrat, Bundesrat

Es sprach der Geist: Sieh auf! Es war im Traume.
Ich hob den Blick. In lichtem Wolkenraume
Sah ich den Herrn das Brot den Zwölfen brechen
Und ahnungsvolle Liebesworte sprechen.
Weit über ihre Häupter lud die Erde
Er ein mit allumarmender Gebärde.

Es sprach der Geist: Sieh auf! Ein Linnen schweben
Sah ich und vielen schon das Mahl gegeben,
Da breiteten sich unter tausend Händen
Die Tische, doch verdämmerten die Enden
In grauen Nebel, drin auf bleichen Stufen
Kummergestalten sassen ungerufen.

Es sprach der Geist: Sieh auf! Die Luft umblaute
Ein unermesslich Mahl, so weit ich schaute,
Da sprangen reich die Brunnen auf des Lebens,
Da streckte keine Schale sich vergebens,
Da lag das ganze Volk auf vollen Garben,
Kein Platz war leer, und keiner durfte darben.

CONRAD FERDINAND MEYER  1825–1898
Dichter

Ich wollte ein Jünger Jesu Christi sein –
sonst nichts.

HENRY DUNANT   1828-1910
Gründer des Roten Kreuzes

Das Lebensziel ist nicht, die Welt zu geniessen, nicht einmal, sie wissenschaftlich zu erkennen, sondern aus dieser Erde ein Reich des Friedens, der Liebe und der Gerechtigkeit zu machen, und nur soweit, als wir dabei mitgekämpft haben, hat unser Leben einen Wert gehabt.

Ein kleiner Staat muss heute eine moralische Macht sein, wenn er das Recht zum Fortbestand haben will.

Eine demokratische Republik wäre, wenn kein Gott bestünde, ein Ding der Unmöglichkeit, heute noch mehr als früher, und es ist ein tiefwahres Wort in seiner schlichten Einfachheit, mit dem die moderne Eidgenossenschaft in Aarau eröffnet worden ist: «Unsere Hilfe steht im Namen des Herrn, der Himmel und Erde gemacht hat.»

CARL HILTY  1833–1909
Professor für Staatsrecht in Bern, Nationalrat

Darum lasst uns zeigen und bewähren, dass der Sinn unseres Volkes viel ernster und umsichtiger ist, und dass wir trotz Bildung, trotz Freiheit, trotz Volksherrschaft immer noch Religion haben, nein, das ist noch viel zu wenig gesagt, dass wir unsere Bildung, unsere Freiheit und unsere Volksherrschaft eben gerade auf unserer Religion auferbauen, dass die Religion die Wurzel ist, aus welcher das Gemüt unseres Volkes seine öffentlichen Einrichtungen hervortreibt. Und so ist es auch in der Tat. Wir bilden ja nicht darum unsere Leute sorgfältig, damit sie recht geschickt werden und brav Geld verdienen lernen, sondern damit sie in einem höhern Leben wandeln können und, ob auch vielleicht äusserlich arm, doch innerlich reich werden, rechte Menschen, Kinder Gottes. Die Freiheit lieben wir nicht, weil sie uns die Mittel zur Zuchtlosigkeit und Zügellosigkeit an die Hand gibt, sondern weil sie Raum bietet für jegliche Kraft aus Gott, weil sie neben den bösen auch die guten Kräfte entfesselt, weil sie die Luft ist, an der im Garten Gottes auch das zarteste Pflänzchen gedeiht. Und so hoch wir auch den Volkswillen achten, so willig wir ihm gehorsamen, das Höchste ist er uns noch lange nicht; darüber steht uns noch immer nicht unser eigener Wille, sondern hoch und hehr der Wille Gottes; an diesem Willen Gottes den Volkswillen zu messen, an ihm ihn zu läutern, an ihm ihn emporzuranken, mit dem Willen Gottes den Volkswillen immer mehr zu erfüllen, das erachten wir als die höchste Aufgabe eines jeden, der sich ein Freund unseres Volkes nennen lässt.

ALBERT BITZIUS   1835–1882
Regierungsrat in Bern, Ständerat

Jede Minute zur Arbeit nützen, und zwar zur Arbeit, wo das Herz dabei sein kann und ist.

Jede Minute geniessen, indem man sie zur Erweisung von Liebe gebraucht.

Keinen Augenblick der Dankbarkeit für Erlösung und Verheissung durch Christum vergessen.

Diese zur Triebfeder alles Handelns machen.

THEODOR KOCHER    1841–1917
Chirurg, Nobelpreisträger der Medizin

Wenn ich auch die Nähe Gottes nicht immer spürte, er hielt mich doch in seiner Hand.

Im Guten liegt ewige Lebenskraft.

SUSANNA ORELLI-RINDERKNECHT   1845–1939
Sozialwerke in Zürich

Ich musste taub werden, damit ich um so deutlicher die leise innere Stimme hören könne.

Ich möchte immer mehr lernen zu verstehen, wie Gott versteht; zu dienen, wie Gott dient; zu lieben wie Gott.

EMMA PIECZYNSKA-REICHENBACH    1854–1927
Pionierin der Frauenbildung

Solidarität der Menschheit!
Wer die persönlichen Interessen und Bedürfnisse nicht als des Lebens Hauptzweck betrachtet, der wird um so mehr geneigt sein, sich in der Anteilnahme am Leben der Welt nach den Postulaten der sozialen Gesinnung zu richten.

EUGEN HUBER   1861–1923
Professor für Zivilrecht, Rechtsphilosoph in Zürich, Schöpfer des Zivilgesetzbuches

FELIX VALLOTTON
1865–1925

Cagnes
1923

Das Evangelium soll nicht nur in den Kirchen gepredigt, sondern im öffentlichen Leben verwirklicht werden.

Die Völker sollen in Harmonie kommen mit ihrem Schöpfer, mit der sie umgebenden Schöpfung, mit sich selbst und anderen Menschen, anderen Völkern.

Es lässt sich, wie beim einzelnen, so in der Gesellschaft, das Verhalten zu Gott und das Verhalten zu den Menschen nicht auseinanderreissen. Wer nicht recht zu Gott steht, steht auch nicht recht zu seinem Mitmenschen, und wer zu seinen Mitmenschen sich unrichtig stellt, stellt sich auch unrichtig zu Gott.

Was wird uns vor dem Irrweg bewahren? Ein neuer Geist…, der dem höchsten Streben der Menschheit entgegenkommt…, welcher der Menschheit zu ihrem höchsten Ziele, der Gottebenbildlichkeit, verhelfen wird. Möchte auf die Zeit der Reformation, die Zeit der Revolution, die Zeit der Evolution folgen: die Zeit der inneren Entwicklung der Menschheit zu ihrem Vorbild Christus und die Zeit der äusseren Entwicklung der Menschheit zu ihrem Urbilde: dem Reich der Himmel, da Wahrheit und Gerechtigkeit wohnt.

---

**HOWARD EUGSTER-ZÜST   1861–1932**
Gewerkschafter, Nationalrat, Appenzell

Die Schöpferkraft des Evangeliums
erfahren an einer Seele,
an einer ganzen Stadt,
bedeutet sie nicht,
hinausgetragen unter die Völker,
Erneuerung und Rettung der Welt?

NIKLAUS BOLT   1864–1947
Schriftsteller

Sie werden uns die Maschinen und die Künste und die Erfindungen der schlauen Gegenwart, vor dem allem wir leider mehr und mehr wie vor goldenen Götzen knierutschen, als das anschauen lehren, was es ist: ein feines, kleines Leiterchen zu Gott. Aber Sie werden uns Vergesslichen scharf einprägen, dass ein reiner Sinn, ein ehrlich Herz, ein inniges Gebetlein uns in einem Zug höher führt als jener ganze Genieapparat.

Vater unser, der du bist im Himmel, das passt in den Mund eines jeden Tages und eines jeden Jahrtausends. Gott ist immer der gleiche Gott, und das Menschenherz ist immer das gleiche, suchende, hungernde.

HEINRICH FEDERER   1866–1928
Schriftsteller

Wollen wir Gottes Hülfe und Leitung für die Pflege und Verteidigung unseres irdischen Vaterlandes in Anspruch nehmen, so müssen wir vor allem die persönlichen Interessen hintansetzen lernen. Auch das scheinbar so berechtigte Streben nach Anerkennung, Dank und Ruhm im Dienste des Vaterlandes muss aufgegeben sein. Unsere ganze Seele muss stille werden für Gott. Dann wird uns sein Geist ergreifen und uns einen neuen Massstab geben, uns unterscheiden lehren, was wichtig und unwichtig, was gross und klein, was heilsam und schädlich ist. Dann aber – täuschen wir uns nicht – werden wir auch anfangen zu leiden, denn die Welt ist verkehrt, und wir stehen mitten im Wirrwarr der Kinder dieser Welt, die Gottes Gedanken nicht verstehen wollen. Wir haben dann im Dienst unseres Vaterlandes das Kreuz auf uns genommen und ziehen unter seinem Zeichen zu Felde, nicht mehr als solche, die nichts Höheres kennen als unser irdisches Vaterland, sondern als solche, die das Reich Gottes herbeisehnen für die ganze in Not und Nacht seufzende Welt. So erweitert sich unser Patriotismus zu einem Leben im Dienste Gottes für die Menschheit und vollendet sich zu einer Hingabe für den Bau des Reiches Gottes.

RUDOLF VON TAVEL    1866–1934
Schriftsteller in Bern

Christus hat das Schwert der Wahrheit, das Feuer der Hoffnung und den Samen der Freiheit in die Welt geworfen und damit endlosen Aufruhr erzeugt, nämlich den Aufruhr der Liebe gegen den Egoismus, den Aufruhr der Gerechtigkeit gegen das Unrecht, den Aufruhr Gottes gegen die Welt.

Seither können die Menschen sich nicht einfach in Not und Unrecht finden. Es ist etwas in ihnen, das eine andere Welt für die wahre hält.

LEONHARD RAGAZ   1868–1945
Theologieprofessor, Kopf des Religiösen Sozialismus

Christusgeist soll unter der Menschheit herrschend werden und sie vorwärtsbringen.

Die Lehre Jesu ist so innig mit den seelischen Bedürfnissen der Menschheit verwachsen, dass nichts an ihre Stelle treten kann oder sie zu ersetzen vermag.

Gott als Realität und treibende Kraft sehen wir im Leben grosser Menschen. Einen Mose treibt sie aus einem behaglichen Familienleben hinaus in eine Aufgabe, die ihn zum geplagtesten Menschen der Erde macht. An ihm kann man lernen, welche weltbewegenden Kräfte Ideen sind. Mit den starken Hebeln Gott, Freiheit und Vaterland lüpft er aber ein ganzes Volk aus dem Sumpf.

Die Propheten! Pestalozzi! Irgendwie ist es immer die Kraft Gottes, die sie treibt, die Reformatoren! Aber auch in einem Ramakrishna und Vivekananda und Gandhi wirkt sie lebendig. In jedem guten Menschen tritt sie schwächer oder stärker zutage als Sehnsucht nach Wahrheit, Schönheit, als Liebe und Güte.

SIMON GFELLER   1868–1947
Schriftsteller im Emmental

Wenn e neui Zit, e neui Wält und e neui Schwiz söll wärde, de müesse mir scho hüt drmit ärnscht mache, de muess jede efange bi sich sälber afah, frei wärde vo allem Gwaltglaube und Gwaltgeischt. Mr törfe nid vom Wältfride rede, wemm'r mit üsne nächschte Mitmönsche, mit üsne Mitbüezer i dr Fabrik, mit üser Frau, üsem Ma nid uschöme; dörfe nid di ganzi Wältwirtschaft welle organisiere, wemm'r dr eiget Hushalt, üs sälber, nid chöi i dr Ornig ha. De müesset d'ihr, Vätter, Müetter, eui Chinder no ganz anders vo chli uf im rächte Fridesgeischt uferzieh und ne mitem gute Bispil voragah, de müesst d'ihr jungi Arbeiter und Arbeiterinne euch nid nume für Sport und Tualette, de müesst d'ihr ech o vil meh für geischtigi, gnosseschaftlichi Frage interessiere. Da dörfe mr a de Abstimmigstage nid diheim ufem Ofe oder i dr Wirtschaft bim Jass hocke, oder ufem Wisseschtei oder Niese obe sy, de müesse mr's mit üsne Bürgerpflichte und üsem Bürgerrächt ärnscht näh, und nume settig Manne und – i wett gärn, i chönnti o säge, nume settigi Fraue i d'Ratsäl und Grichtsäl schicke, wo a ne neui Zit glaube und fürne neui Zit und es neus Rächt schaffe, für ne Zit, wo me jedem Möntsch und jedem Volk sis Rächt uf nes möntschwürdigs Läbe, uf Luft und Liecht und Bode, uf ne gsundi Wohnung und Nahrung, uf ne rächte Lohn und Firabe, uf ne gründlichi Bruefs- und Charakterbildung gönnt, wo ganz vo sälber jede Gedanke a ne Völker- oder gar a ne Bürgerchrieg unmöglech worden isch, wil me mit däm Gebätt ärnscht macht, wo me i dr Chrischteheit alli Tag bättet, aber o alli Tag schändet: Unser Vater im Himmel…

KARL VON GREYERZ  1870–1949
Pfarrer in Bern

Behalte dein Herz offen für das Neue mit weitem Blick, aber bewahre und verankere den Schweizer Geist der Treue und der Gottesfurcht.

Um dieses Land zu lieben und zu verteidigen, braucht es einen Glauben.

Ein entmutigter Schweizer ist kein wahrer Schweizer, so wenig wie jene, die hinter dem Ausland einherlaufen. Schweizer sein heisst, fest zu seinen politischen und religiösen Überzeugungen, bei allem Respekt vor denen anderer, zu stehen. Schweizer sein heisst brüderlich sein, heisst einzeln und in der Gemeinschaft die Kraftquelle im Geiste des Christentums suchen, der unwandelbaren Grundlage einer wahren Demokratie, in der sich Freiheit und Unterordnung gegenseitig herausfordern.

Aber höher noch als die materielle und moralische Bereitschaft ist die geistige zu bewerten. Unsere Väter waren sich dessen bewusst, als sie vor jeder Schlacht vor dem Allmächtigen die Knie beugten. Wenn bis heute unter den europäischen Kleinstaaten die Schweiz fast allein von den Schrecknissen einer Invasion verschont geblieben ist, so haben wir das vor allem dem Schutze Gottes zu verdanken. Das Gottesbewusstsein muss in allen Herzen lebendig bleiben. Das Gebet des Soldaten muss sich mit demjenigen seiner Frau, seiner Eltern und seiner Kinder vereinigen.

HENRI GUISAN   1874–1960
General

In dem Mass, in dem der Mensch abnimmt, um dem in Christus offenbarten Willen Gottes Platz zu machen, wird er frei, um selbstlos seinem Volke und seinen Mitmenschen zu dienen. Und in dem Masse, in dem er diese Freiheit erlangt, wird er fähig, daran mitzuwirken, dass schon in dieser Zeit und in dieser verworrenen Welt die Erfüllung der drei ersten Bitten des Unservaters beginne.

Nicht nur persönlich fromm sein. Den Sinn für Gerechtigkeit, Freiheit und Liebe in das staatliche Leben hineintragen! Nicht tun, was wir wollen, sondern was Gott will.

Es ist schwer, eine private Unterredung mit einem Staatsoberhaupt zu erhalten. Mit dem Höchsten aber können wir jederzeit ein Gespräch führen, das viel mehr Wert hat. Wir müssen nur auf unser Gewissen hören.

MAX HUBER  1874–1960
Professor für Staats- und Völkerrecht in Zürich, Präsident des Internationalen Gerichtshofes in Den Haag, Präsident des IKRK

Soll der Glaube wieder eine wirkliche, belebende Kraft werden, dann wird es an der Zeit sein, die Form zu sprengen, in die wir Gott um unserer Bequemlichkeit willen eingeschlossen haben, dann muss man diesem Gott wieder gestatten, mit uns direkt, mit dem einzelnen zu verkehren, dann müssen wir die Mauer brechen, die wir zwischen ihm und uns aufrichteten.

Der Wunder grösstes ist die Liebe. Nur wer liebt, ist gläubig; allein wer liebt, hat Gott. Uns fehlt weder die Kraft noch der Wille zum Glauben. Aber das Wunder der Liebe fehlt uns; der Liebe, die nicht richtet, die nicht zürnt, sondern duldet, erträgt, begreift.

CARL ALBERT LOOSLI 1877–1959
Maler, Schriftsteller in Bern

Der Ruf, der allein uns unserer Bestimmung als Schweizer, als Europäer, als Menschen zuführt, heisst nicht: Vorwärts zur Maschine, nicht: Zurück zur Herde, oder: Hinab zum Ungeist, er lautet: Empor zum lebendigen, brüderlichen, zum verantwortungsbewussten, empor zum gottgeführten Menschen!

Eines Tages wird man nicht mehr sagen, dass die Liebe der Gott des Daseins ist, sondern kommt zurück zu der einst vernommenen, jetzt erfahrenen Wahrheit: Gott ist die Liebe.

MARIA WASER  1878–1939
Schriftstellerin

CUNO AMIET
1868–1961

Chrysanthemen
1909

Der Mensch bedarf der Erfüllung. Nur müsste man wissen, ob es eine Erfüllung geben kann ohne das Unbedingte. Denn es gibt nur ein einziges Unbedingtes, Gott, die Goldwährung. Es gibt nur einen festen Punkt.

Der Mensch kennt gewiss eine Erfüllung ohne Gott, aber dann ist sie nur vorübergehend. Das Wesen der Erfüllung beruht jedoch in der Dauer. Und es ist Gott, es ist das Unbedingte, was der Erfüllung die Dauer verleiht, Gott schützt den Menschen in den Wechselfällen der Veränderung. Mit Gott ist alles klar.

CHARLES FERDINAND RAMUZ   1878–1947
Schriftsteller

Alle Bildung definiert sich als Erziehung zum rechten Glauben.
Christlicher Glaube ist dadurch charakterisiert, dass er den Sinn des Seins gemäss der Offenbarung durch Jesus Christus versteht.

PAUL HÄBERLIN   1878–1960
Professor der Philosophie in Basel

Ist ein Zusammenschluss des Schweizervolkes möglich? Jedenfalls bedarf unser Volk vorerst einer geistigen Erneuerung.

Wir brauchen eine Lebensänderung durch eine geistige Kraft, die so stark ist, dass sie im Streit befangene Kräfte versöhnt und Brüderlichkeit und Solidarität hervorruft.

Grad die hütigi Zyt zeigt üs, wie hilflos u ohnmächtig d Mönschheit de grosse Schicksalsfrage gägenübersteit. Starch si nume die Möntsche, wo e starche innere Halt hei, u der bescht Halt isch die chrischtligi Religion u dr Gloube an en allmächtige Länker.

RUDOLF MINGER   1881–1955
Nationalrat, Bundesrat

Die Situation des Menschen jederzeit und heute verlangt die Neugeburt des Menschen. Auf biblischem Grund dem Äussersten, vor das wir heute gestellt sind, gewachsen zu sein, fordert eine tiefere Wandlung, als einst etwa die protestantische Reformation sie erreichte. Keine Philosophie wird solche Wiedergeburt in der Breite der Völker erzeugen. Nur die Kirchen vermöchten es.

Jesus, in seinem von den Propheten durch die Jahrhunderte ihm überlieferten, in höchster Gewissheit wiederholten Glauben an Gott, der sein Reich verheisst, sagte seinen Jüngern: Das Reich Gottes ist in euch, ist schon da. So wie Jesus sagte, ist es für das philosophische Denken: Das, worauf es ankommt, die Wirklichkeit des Ewigen, ist in der Weise, wie gelebt und gehandelt wird, als das Umgreifende, Unsterbliche.

KARL JASPERS   1883–1969
Professor der Philosophie in Basel

Eine Erneuerung tut not.
Preisgabe des Materialismus,
Rückkehr zu den christlichen Geboten
und dem christlichen Glauben.

GONZAGUE DE REYNOLD    1883–1970
Historiker

Dank dir, mein Gott, der in geheimer Stunde
Den Kern des Glaubens in mein Herz gesät.
Schau, er wuchs hoch auf seinem weichen Grunde,
Ein Baum, der über alle Wolken geht.

ROBERT FAESI   1883–1972
Schriftsteller

Das letzte Wort, das ich als Theologe und auch als Politiker zu sagen habe, ist nicht ein Begriff wie «Gnade», sondern ist ein Name: Jesus Christus. Er ist die Gnade, und er ist das letzte, jenseits von Welt und Kirche und auch von Theologie. Dort ist auch der Antrieb zur Arbeit, zum Kampf, auch der Antrieb zur Gemeinschaft, zum Mitmenschen. Dort ist alles, was ich in meinem Leben in Schwachheit und Torheit probiert habe. Aber dort ist's.

Grosser, heiliger und barmherziger Gott, wir sehnen uns nach deiner letzten Offenbarung, in der es vor aller Augen klar werden wird, dass die ganze geschaffene Welt und ihre Geschichte, dass alle Menschen und ihre Lebensgeschichten in deiner gütigen und strengen Hand waren, sind und sein werden. Wir danken dir auch dafür, dass wir uns auf diese Offenbarung freuen dürfen. Das alles im Namen Jesu Christi, in welchem du uns Menschen von Ewigkeit her geliebt, erwählt und berufen hast.

KARL BARTH  1886–1968
Professor der Theologie in Basel

Klein ist das Land und gross ist die Zeitaufgabe. O dass euch das grosse Weltgeschehen vom kleinen Denken heilen könnte!

Das Evangelium ist kein Sirup. Es ist eine Kraft der Wirklichkeit, und nicht eine nette Theorie.

Des Glaubens darf nicht weniger werden, sondern mehr, denn Glauben ist die schöpferische Kraft, ohne die fällt, was ist, und ohne die nichts Neues werden kann.

Glauben heisst kämpfen.

Was den ersten Eidgenossen den verwegenen Mut gab, nach den unveräusserlichen Rechten zu greifen, war der Glaube und das Herz.

Der christliche Gedanke
stand stets im Hintergrund eidgenössischer Politik.

Das ist die höchste Lehre der Glaubens- und der Weltgeschichte, dass alles Umwälzende vom Herzen ausgeht.

Allein eine kämpferische geistige Elite kann die Erneuerung bringen, ohne die wir unter dem Gewicht des Frankendenkens versumpfen und versinken werden.

Es gibt in der schweizerischen Demokratie für Behörden und Volk nur einen Herrn, den Höchsten.

---

GOTTLIEB DUTTWEILER   1888–1962
Kaufmann, Gründer der Migros und des Landesrings, Nationalrat, Ständerat

Nur dies gibt es noch: Gott, den ganz und gar klaren, den deutlichen – und dort die Flucht, in die alle Unklarheiten und Undeutlichkeiten zusammengepackt sind. Je mehr das Gebilde der Flucht zunimmt und je heftiger es davonstürzt, desto deutlicher steht der Eine allein da: Gott.

MAX PICARD   1888–1965
Schriftsteller

Keine Theorie, nur eine lebendige Kraft kann Wandlungen herbeiführen. Fragt man Menschen, woher sie die Kraft dazu nehmen, und von wo ihnen das tiefe Glück kommt, so ist die Antwort überall die gleiche: «Gott und Christus sind für mich Wirklichkeit geworden im Alltag, in der Familie, im Beruf, in der Politik.»

Durch das Horchen auf Gottes Plan werden uns Dinge bewusst, an welchen wir sonst achtlos vorbeigehen; durch das Gehorchen entsteht ein Freiwerden neuer schöpferischer Kräfte.

Dies gilt für den einzelnen Menschen wie für Menschen-Gruppen, Firmen oder ganze Völker.

Die Liebe, die die grösste dynamische Wirkung hat, die wir kennen, ist die Liebe von Jesus Christus für uns Menschen; durch sie finde ich immer wieder die Kraft, diesen Weg zu gehen. Was der Welt und vor allem der Geschäftswelt not tut, sind Pioniere, Menschen, die den Mut haben, den von Gott gewollten Weg zu gehen.

---

ALFRED CARRARD    1889–1948
Professor für angewandte Psychologie, ETH Zürich

Es ist einer, der den Weltenplan kennt, er, der ihn entworfen, er, der die Welt nach diesem Plane geschaffen hat und regiert.

Er hat seinen Weltenplan aus dem Dunkel des Geheimnisses herausgeholt und ihn vor aller Welt enthüllt: Jesus Christus, das Wort Gottes in Person, das, was Gott uns über das Ziel aller Weltgeschichte sagen will, damit wir nicht mehr in der Dunkelheit, sondern im Lichte gehen. Und wie ganz anders sieht dieser Gottesratschluss aus als alles, was die Menschen über das Weltenrätsel spintisiert haben! Wir buchstabieren dieses grosse Gotteswort, Jesus Christus: Versöhnung, Erlösung, Vergebung der Sünden, Verheissung des ewigen Lebens, Vollendung aller Dinge in Gottes eigenem Leben. Das ist Gottes Weltplan.

Gebt uns ein wahrhaft christliches Volk und wahrhaft christliche Männer an seine Spitze, so können wir der Zukunft unseres Landes, sie mag von aussen her noch so ungesichert und gefährlich aussehen, getrost entgegensehen. Das würde aber auch heissen: ein Volk und eine Regierung – es sei Parlament oder Bundesrat oder was immer – die das Unrecht Unrecht nennen und es abzustellen mit allen Mitteln bemüht sind, und die wissen, dass der Sinn dieses Lebens das Dienen und nicht das Herrschen ist. Alles, was diesem Ziel frommt, will ich gutheissen, alles, was ihm zuwiderläuft, böse, das ist mein reformiertes Glaubensbekenntnis.

EMIL BRUNNER 1889–1966
Professor der Theologie in Zürich

Warum zerfleischen sich die Menschen und Völker in stets blutiger werdenden Kriegen? Warum fabrizieren sie Waffen, die immer tiefere Wunden schlagen in Fleisch, Mark und Seele der Menschen und Völker? – Wer hier klarsähe, fände auch Bescheid auf die Frage: Wie lässt sich eine Welt erbauen, die nicht auf Rechthaberei und Willkür, auf Rücksichtslosigkeit und Grausamkeit beruht, sondern auf gegenseitiger Achtung und Hilfe?

Deutlicher vielleicht als je zuvor ist die Menschheit an eine Wegscheide gestellt. *Ein* Weg, der viel bequemer scheinende, führt auf der schiefen Ebene der kurzsichtigen Sorge allein für eigene Interessen, in den Abgrund. Der *andere* Weg ist ein mühsamer Aufstieg; aber er kann auf die helle Höhe des gegenseitigen Verständnisses, der gegenseitigen Hilfe, des gemeinsamen Vertrauens unter den Völkern und Rassen führen. Auf diesem Weg wird jene fruchtbare Synthese aller Gaben und Kräfte möglich.

REGINA KÄGI-FUCHSMANN   1889–1972
Schweizer Arbeiter-Hilfswerk in Zürich

Alles Recht dient der Verwirklichung von Werten. Indem unser Land sein Grundgesetz «Im Namen Gottes des Allmächtigen» erliess, hat es erkannt, wo der oberste Wert liegt, nach dem sich das staatliche Leben richten soll und in dem auch Rechtfertigung und Schranke der individuellen Freiheiten liegen. Das bestärkt uns in der Überzeugung, dass das, was wir glauben, weder ein blosses Meinen noch eine erdenferne Spekulation, sondern eine *wirkende Kraft* ist.

DIETRICH SCHINDLER   1890–1948
Professor für Staats- und Völkerrecht in Zürich

Es kommt nun eine Zeit, die ungeheuer viel Liebe braucht. Ich meine nicht die sentimentale Zuneigung, sondern jene starke, uneigennützige, alles überwindende Kraft, die, wenn sie aus dem Glauben kommt, Berge versetzen kann.

Was nützen alle Protestmärsche, was nützen alle unsere Versuche und Taten, wenn wir selbst nicht eingetaucht sind in den Frieden, der uns von Christus geschenkt wird?

GERTRUD KURZ    1890–1972
Flüchtlingsmutter in Bern

Es gibt ein Tun und Leben aus der Stille. Das ganze Dasein mit seinen Schmerzen, Sorgen, Erwartungen wird hineingenommen in die unendlichen Weiten des kommenden Reiches Gottes. Es gibt nichts Irdisches, das nicht durch die Klarheit und Kraft aus der Stille erfasst und verwandelt werden kann.

THEOPHIL SPOERRI   1890–1974
Professor der Romanistik in Zürich

Im innern Kreis, dort, wo das Verpflichtende, der Ernst, begann, war sein Urteil über Menschen von grosser Milde. Diese Milde strahlte aus von dem andern Schröder, jenseits von Dichter und Kenner, Künder und Kämpfer: nämlich von dem, dem die Gnade des Glaubenkönnens zuteil geworden ist. Einmal, zur Mitte des Lebens, ist seine Konversion erfolgt, ein einziges Mal hat er mir davon gesprochen: «Es geschah mir», sagte er, «als ich in meiner Anfechtbarkeit und Schwäche plötzlich bis auf den Grund begriff, was Sünde ist und was Erlösung bedeutet.» Auch als Christ blieb er ein Wissender und klug, aber er tauchte nicht mehr in dumpfe Flut, wie es in seinem Gedichte heisst, um sich dem an ihn gerichteten göttlichen Anruf zu entziehen. Er versuchte, zu gehorchen.

So wird nicht der Wille und nicht der Zweck, sondern eine kraftvolle Hingabe die letzte Haltung unserer Seele sein.

---

CARL JACOB BURCKHARDT   1891–1974
Minister, Hochkommissar, Schriftsteller, Präsident des IKRK

Gerechtigkeit ist unvergänglich.
Sie leuchtet wie ein Stern von Gott.

CHARLES JOURNET   1891–1975
Professor an der Universität Fribourg, Kardinal

Wenn wir ein starkes, mutiges, opferbereites Volk bleiben wollen, dann müssen wir ein christliches Geschlecht bleiben, dann müssen wir dem Herrgott die Ehre geben, in der Familie, in der Schule, im öffentlichen Leben. Wenn wir den Herrgott nicht verlassen, wird der Herrgott auch uns nicht verlassen und immer mit uns sein, in den Tagen des Friedens wie in den Tagen der Gefahr.

PHILIPP ETTER   1891–1977
Regierungsrat in Zug, Ständerat, Bundesrat

Ich bin zutiefst davon überzeugt, dass die Religion – es ist für uns die christliche – die einzig zuverlässige integrierende Macht der Gesellschaft ist.

FRITZ MARBACH   1892–1974
Professor der Nationalökonomie in Bern

Wo Du nicht lenkst, da stürzt der Geist
Bald ab von seinem hohen Flug;
Was zu bestehen scheint, erweist
Im Lichte sich als Wahn und Trug.

Wo Du nicht leitest, fällt das Herz
In Furcht und Gram und Grab und Tod;
Doch richtet es sich gotteswärts,
Dann wandeln Steine sich in Brot.

Wo Du nicht führst, da irren wir
In einem Irrtum bodenlos;
Nur wer im Forschen für und für
In Deinem Namen denkt, ist gross.

HERMANN HILTBRUNNER   1893–1961
Dichter

Eine weltliche Sache ist unsere Eidgenossenschaft und doch eine Entscheidung von Christen, von Menschen, die an Christus glauben, auf Christus allein vertrauen. Darum beginnt der Bundesbrief mit den Worten: «Im Namen Gottes.» Der Gott, der da angerufen wird, ist nicht eine heidnische Gottheit, wie man heute etwa redet vom Lenker der Geschichte. Er ist der dreieinige Gott, Vater, Sohn und Heiliger Geist. Zahlreich sind die Schweizer, die nicht mehr gerne an dieses Bekenntnis erinnert werden. Für sie ist die Eidgenossenschaft eine Angelegenheit des Menschen, eine Sache der Politik und wohl auch der Sittlichkeit, aber nicht des Glaubens. Es gibt unter diesen Nicht-Christen Männer, die trotz ihrer Blindheit für Christus ihre Bürgerpflichten erfüllt und dem Lande gewissenhaft und gut gedient haben. Gefährlich wurde es dann aber, als Schweizer meinten, auf ihr Nicht-Glauben stolz sein zu müssen, als sie ihr Nicht-Glauben bekannten und dieses traurige Bekenntnis zur Richtschnur unseres öffentlichen Lebens machen wollten. Soll bekannt werden, dann gibt es nur ein Bekenntnis: Christus ist Herr auch über die Eidgenossenschaft; seinen Zwecken und Zielen muss auch die Eidgenossenschaft heute dienen.

ALFRED DE QUERVAIN   1896–1968
Professor der Theologie in Bern

Ich gehöre zu denen, für die Gott nicht tot ist, und das Christentum, wenn richtig erfasst und gelebt, immer noch die Heilslehre.

CARL ZUCKMAYER   1896–1977
Schriftsteller

Nur inspirierte Menschen, das heisst Menschen, die den Heiligen Geist empfangen, indem sie Jesus Christus als ihren Herrn annehmen, können zur Wiedereinsetzung des Geistes und seiner Vorherrschaft in der Welt wahrhaft beitragen. Die Kirche glaubt an den Heiligen Geist, allein sie misst ihm nicht viel Gewicht bei. Ebenso wie Gott in Jesus Christus Fleisch geworden ist, verkörpert er sich auch in uns durch den Heiligen Geist. Er beeinflusst unseren Körper ebenso wie unseren Geist, jede unserer Zellen ebenso wie unsere Gefühle.

Etwas muss in der Welt anders werden, und das kann nur durch Menschen geschehen, die selbst anders werden. Aber wenn ein Mensch sich unter dem Einfluss der Gnade ändert, so ändert sich nicht bloss sein seelischer Zustand, sondern sein ganzes Tun und Lassen. Er fühlt sich plötzlich alter Gewohnheiten ledig, die ihn in Haft hielten, frei von Groll und Gewissensbissen, die an ihm nagten, und ausserstande, Ungerechtigkeiten zu begehen, die er gewohnheitsmässig tat.

Er nimmt auch die erforderlichen Opfer auf sich, die er seinem Glauben bringen muss.

PAUL TOURNIER   1898–1986
Arzt, Schriftsteller in Genf

PAUL KLEE
1879–1940

Insula dulcamara
1938

Wir wollen ein Christenvolk der Tat bleiben, ein Volk der tätigen, praktischen Nächstenliebe.

Wir wollen der Menschlichkeit und Menschenwürde verpflichtet bleiben, im Sinne des schönen Pestalozziwortes, dass Menschlichkeit höher ist als alle Schönheit der Erde.

Wir wollen ein Hort bleiben für Menschen verschiedener Zungen und Kulturen und jeder Überheblichkeit der einen über die anderen entgegentreten.

Wir wollen ein freies und wehrhaftes Volk bleiben, immun gegen alle Einflüsterungen, mögen sie von rechts oder links kommen, und wir wollen nie vergessen, dass Freiheit ohne Verantwortung ein leeres Wort bleibt.

Wir wollen aber aus innerster Verpflichtung auch tätigen Anteil nehmen am Schicksal der ganzen Welt und den Frieden sichern helfen, wissend, dass wir dabei nicht nur dem benachteiligten Bruder helfen, sondern die Welt sicherer machen für die Grundwerte, die uns teuer sind.

Wir wollen das Mögliche tun, um unsere Umwelt schön, rein und lebenswert zu erhalten. Wir wollen unser Bestes geben, um diese Vorsätze auch zu jenen der heranwachsenden Jugend zu machen, wissend, dass wir nur ein Glied in der Kette der Generationen sind und dass die Zukunft unserer lieben Heimat nicht ohne die Mitarbeit der Jungen geformt werden kann.

FRIEDRICH TRAUGOTT WAHLEN   1899–1985
Professor an der ETH, Ständerat, Bundesrat

Je tiefer wir in die Natur eindringen, desto mehr enthüllt sich eine unauslotbare Weisheit. Wer einen wirklichen Einblick in diese Welt gewonnen hat, wird kaum den Eindruck abweisen können, dass hier ein alles überragender Geist schaffend am Werk war. Er wird nicht anders können, als in Ehrfurcht vor diesem Wunderwerk Natur stehen.

WALTER HEITLER   1903–1981
Professor der Physik in Zürich

Ich kann mir keinen unverbildeten, unvoreingenommenen Menschen vorstellen, der von Gestalt, Leben, Tod und Lehre Christi nicht bis ins Innerste zu erschüttern wäre.

Mit Dankbarkeit bekenne ich, dass der Glaube die Freude, das Glück, der Trost und der Segen meines Lebens und des Lebens der Meinigen gewesen ist.

ERNST GINSBERG   1904–1964
Schauspieler

Christliche Existenz, exakter «evangelische Existenz», heisst Erschütterung der bloss menschlichen Existenz, Erschütterung aller menschlichen und persönlichen Absichten, Ideen und Zukunftshoffnungen. Es heisst Hingeworfenheit auf Gott. Christliche Existenz zeichnet sich weiter dadurch aus, dass sich die Begegnung zwischen der eigenen menschlichen Begrenztheit und der Absolutheit der Evangelien ständig wiederholt, solange der Mensch lebt. Der in der Nachfolge Christi Lebende erscheint zugleich als der Starke und der Schwache, als der Bangende und der Getroste, als der Gebrochene und der Aufgerichtete.

Das Mittel, sich nahe zu bleiben, ist allein das Gebet, und die Grundlage des Gebets ist der Glaube an die unendliche Macht und Gnade Gottes. Denn Gott allein wird sich unserer entzweiten Menschheit erbarmen!

PETER DÜRRENMATT *1904
Chefredaktor, Nationalrat

Jesus Christus ist immer wieder auch die Quelle revolutionärer Änderungen der bestehenden Ordnungen. Denn er allein gibt Hoffnung für die Zukunft, und von ihm allein geht die lebendige Erwartung einer neuen Welt aus, in der Gerechtigkeit und Friede sind.

RODOLFO OLGIATI  1905–1986
Leiter der Schweizerspende im Zweiten Weltkrieg

Wer bildet sich in jedem Falle, da er zu einer Entscheidung aufgerufen ist, seine Meinung nicht nach dem, was ihm die Presse, seine Parteileitung, seine Freunde an Argumenten vortragen, statt dass er sich immer wieder fragt: Wie hätte Christus in diesem konkreten Fall Stellung genommen?

MATTHIAS EGGENBERGER  1905–1975
Regierungsrat in St. Gallen, Ständerat, Nationalrat

Ein Individuum oder ein Land, das eine geschichtliche Berufung spürt, muss, wenn es die Gefahr der Utopie vermeiden will, von den Gegebenheiten ausgehen und dann über sie hinausgehen in einem Sinn, den nur der Glaube ihm offenbaren kann.

Nun handelt es sich für uns alle darum, die schweizerische Berufung zu erkennen und ihre Verpflichtung auf uns zu nehmen, indem wir sie als wahre Christen verteidigen und verwirklichen.

Was aber bleibt und auf immer Bestand hat, das lehrt uns die Heilige Schrift mit den Worten: «Himmel und Erde werden vergehen, aber meine Worte werden nicht vergehen.» Das ist das Fundament, das keine menschliche Macht erschüttern kann, auch wenn alles andere, Himmel und Erde, Ideale und Wirklichkeiten, untergehen sollten.

DENIS DE ROUGEMONT   1906–1985
Kulturphilosoph, Essayist

«Der Mensch denkt und Gott lenkt»; dieses Wort steht über allem menschlichen Planen, auch über dem von seiten der Regierung und dem Parlament.

Die Menschenrechte, von denen man heute soviel spricht, sind nicht eine Erfindung des zwanzigsten Jahrhunderts. Sie sind schon in der Bibel verbrieft. Sie müssen aber gelebt, praktiziert und realisiert werden.

PAUL AEBISCHER   1908–1971
Nationalrat

Unsere Zeit braucht sehende und tätige Liebe, denn diese allein hilft dauernd. Sie richtet auf. Es ist aber kein dauerndes Aufrichten denkbar, das nicht zugleich ein Hinaufrichten zu Gott wäre. Seine Liebe ist grösser als unsere Sünde, seine Handreiche in der Gestalt Christi ist die reinste Liebe.

GEORG THÜRER  *1908
Professor an der Hochschule St. Gallen

«Folge mir nach!» So lesen wir in den Evangelien über diesen wichtigsten Aufruf, der uns auch heute zuteil werden kann. Es ist Gnade, die dem Angerufenen widerfährt, ihn in die Nachfolge, in den Jüngerdienst ruft. Dieser besondere Ruf verpflichtet den Aufgerufenen nicht auf irgendein Programm, auf ein Ideal, auf ein Gesetz, auch nicht auf ein theologisches System, wohl aber auf den Gehorsam gegenüber Christus. Das ist die Bindung, die mit der Nachfolge gegeben ist; der Jünger gehorcht, weil er glaubt.

Es gibt für den Christen nur einen Weg in die Zukunft: der Weg der Nachfolge Christi. Es geht auf diesem Weg nicht bloss um eine gewisse Erneuerung, um eine moralische Verbesserung, um einzelne Reformen. Es geht um den grundlegenden Entscheid zur Umkehr. Es geht um den Gehorsam gegenüber dem Ruf jenes Einen, der von sich mit Vollmacht sagen konnte: «Ich bin der Weg, die Wahrheit und das Leben» (Joh. 14, 6).

WERNER KÄGI  *1909
Professor für Staatsrecht, Völkerrecht und Kirchenrecht in Zürich

Gott möchte auch heute noch zu uns reden, uns Weisungen geben. Suchen wir die Stille und sind wir in der Bereitschaft, auf Gottes Reden zu hören? Befinden wir uns wirklich unter seiner Leitung?

Wenn wir Frieden haben wollen, müssen wir alle Friedensmenschen sein. Der Friede kann nur geschaffen werden, wenn der einzelne mit sich, mit Gott und mit seinen Mitmenschen Frieden hat.

OTTO ZWYGART   1911–1986
Nationalrat

**KARL LANDOLT**
*1925

Uf em See am halbi nüüni
1980

Selten prüft man, auf welchen geistigen Grundlagen das imposante Gebäude des Sozialstaats beruht. Soziale Gerechtigkeit, soziale Sicherheit, Sicherung eines menschenwürdigen Daseins für alle sowie gleiche Voraussetzungen für die freie Entfaltung eines jeden Individuums bilden seine Ziele. Sie gehen eindeutig vom Menschenbild der christlichen Ethik aus. Die Caritas zu Gunsten des schwächeren und benachteiligten Mitmenschen bildet einen entscheidenden Faktor. Als Geschöpfe Gottes haben alle Menschen Anspruch auf Rechtsgleichheit, gleiche soziale Bedingungen und damit auch auf gleiche Chancen beim Eintritt ins Leben. Beim Aufbau des Sozialstaats hat die christliche Sozialethik in der katholischen und in der evangelisch-reformierten Ausgestaltung vielfach eine unmittelbare Rolle gespielt. Religiöse Sozialisten unter dem Einfluss von Leonhard Ragaz und christlich-soziale Politiker, die den Weisungen der päpstlichen Sozialenzykliken folgten, gehören zu den führenden Vertretern des Sozialstaats. Doch waren auch liberale Sozialpolitiker und zahlreiche Gewerkschaftsführer massgebend, die sich wenig oder überhaupt nicht auf den christlichen Glauben berufen haben. Dennoch beruht das Fundament ihres Handelns, ihr moralischer Impetus, eindeutig auf der christlichen Überlieferung. Auch moderne, laizistische soziale Bewegungen wären undenkbar ohne die biblische Offenbarung und ohne die 2000jährige Geschichte des christlichen Europa. Auch im künftigen Wandel wird die christliche Sozialethik Grundlage und Leitlinie bleiben.

HANS PETER TSCHUDI *1913
Prof. Dr. iur., Regierungsrat in Basel, Ständerat, Bundesrat

Als Eidgenossen sind wir zu aktiver politischer Tätigkeit berufene Bürger. Als Christen sind wir Bürger des kommenden Gottesreiches. Diese Gleichzeitigkeit verläuft nicht nebeneinander, gewissermassen parallel zueinander, denn wir können nicht sagen: In der Kirche bin ich nur Christ, draussen, im beruflichen und öffentlichen Leben bin ich nur Bürger. Wir sind immer gleichzeitig beides. In uns drin, die wir Tag um Tag Bürger und Christ zugleich sind, begegnen sich Staat und Kirche, Christentum und Politik, Welt und Religion. Es ist wohl unsere grösste menschliche Aufgabe, die Einheit zwischen diesen beiden Bereichen zu suchen, denn unser Glaube kann von unserer politischen Betätigung nicht geschieden werden, sowenig wie wir ihn aus der Welt unseres Berufes oder der Familie ausklammern können.

ERNST BRUGGER *1914
Regierungsrat in Zürich, Bundesrat

Wir fragen uns mit euch, ob wir wirklich richtig auf Gottes wirkende Hilfe vertrauen, in der Erkenntnis, dass alles, was das Volk und seine Behörden in gemeinsamem Beraten und Entscheiden bewegen und verbinden soll, Gottes Hilfe nicht entbehren kann, wenn wirklich unser gemeinsames Fundament gestärkt werden soll; denn etwas anderes, allen Gemeinsames haben wir sonst nicht.

Darum bitten wir: Herr mach uns frei, erhalte uns frei, frei zum Dienst!

LEO LEJEUNE   1915–1985
Regierungsrat in Baselland, Nationalrat

Oft werde ich gefragt: Was bedeutet Ihnen Christus? Christus ist der, aus dem ich lebe; zugleich ist er für mich auch der, den ich zusammen mit vielen andern unaufhörlich suchen werde.
Ich möchte dich dazu bewegen, mit deinem Leben ein Gedicht der Liebe zwischen dir und Christus zu schreiben. Gleich woran du glaubst, woran du zweifelst: längst hat er Atemraubendes vor dir ausgebreitet.
Jesus Christus, du bist der, der mich bis in das Leben hinein liebt, das niemals aufhört.

ROGER SCHUTZ  *1915
Prior der Communauté von Taizé

Wo immer Christen die Erlösung durch Jesus Christus ernst nehmen, werden sie frei für den Einsatz in der Welt:
>> für eine bessere,
>> angstfreiere,
>> friedlichere Welt.

ANTON HÄNGGI   *1917
Bischof von Basel

Lasst die Menschen um euch herum endlich etwas sehen und erleben von der Macht des Gebets und des Glaubens. Verzichten wir auf unfruchtbare Diskussion über christliche Lehrauffassungen. Ich lade Sie ein, zusammen mit mir schlicht und einfach zu bezeugen: Ich kann und will nicht leben, ohne die Gewissheit der täglichen Vergebung, die Gott mir in Jesus Christus anbietet. Ich kann und will nicht leben, ohne die Hoffnung, die seit Karfreitag und Ostern stärker ist als der Tod. Ich kann und will nicht leben, ohne die Gabe des Heiligen Geistes, der bewirkt, dass ich nicht mehr mir selbst leben muss, sondern meinem Gott und Herrn und in seiner Kraft für meinen Nächsten Bruder oder Schwester sein darf.

WILLY MESSMER *1917
Nationalrat

Ich glaube an Gott
und bete zu ihm.

Wir haben zwar eine Bundesverfassung, nach der wir uns richten können, aber wir spüren fast überall, dass es gelegentlich viel besser und klüger ist, nach christlichen Grundgesetzen zu handeln.

WILLY RITSCHARD   1918–1983
Gewerkschafter, Regierungsrat in Solothurn, Bundesrat

Jeder Mensch, jede Gemeinschaft und jede Art von Politik werden von Weltanschauungen geprägt. Die Pluralität von Glaubensbekenntnissen und die Vielfalt von Ideologien sind ohne Zweifel charakteristisch für unsere Zeit.

Meine Weltanschauung wird vom christlichen Glauben getragen und geformt. Zu ethischen und politischen Fragen war und ist mir mein katholischer Glaube Richtschnur, Auftrag und Hoffnung.

Für unser Land – dies lehrt uns die Geschichte – wurde der christliche Glaube zur gestaltenden Kraft. Für Bildung, Krankenpflege, Fürsorge, Kultur und Baukunst erbrachten die christlichen Kirchen Pionierleistungen. Dieses Erbe wird heute von unseren staatlichen Gemeinschaften mit Selbstverständnis wahrgenommen.

Jede Zeitepoche birgt Chancen und Risiken. Auch die Zukunft bedarf daher der christlichen Dimension.

HANS HÜRLIMANN  *1918
Regierungsrat in Zug, Bundesrat

Jesus ist für mich derjenige, der mich von Gott überzeugt, der von Gott in einer Weise redet, daß ich ihm vertrauen kann. In diesem Sinne ist Jesus für mich das Wort Gottes. Ich liebe den Gott, den Jesus bezeugt, den Gott, der nicht auf der Seite der Macht, sondern auf der Seite der Menschen ist. Ich liebe diesen Gott, der sich nicht hergibt zugunsten irgendeiner Vormachtstellung, einer Ideologie, einer bestimmten Kultur oder eines Staates, sondern erscheint in einem Schreiner in Galiläa, draußen in der Provinz, fern vom Machtzentrum der Metropole. Ich liebe den Gott Jesu, der sich nicht pachten läßt für eine Religion oder Kirche. Ich liebe diesen Gott, dessen Machtverzicht sich nie erschöpft und doch die Welt verändern wird. Was Jesus mir von Gott sagt, ist für mich Licht, Wirklichkeit, Inspiration. Jesus überzeugt mich von Gott.

KURT MARTI *1921
Schriftsteller in Bern

Glaube hat etwas mit Entscheidung zu tun.

Ich bin Soldat, Truppenführer von Berufes wegen. Ein Soldat kann – sofern er diesen Namen verdient – Entscheidungen nicht ausweichen. Zeugnis abzulegen über den eigenen Glauben, über das Woher und Warum dieses Glaubens, ist auch eine Entscheidung.

Ich glaube an Gott den Allmächtigen, den Schöpfer des Himmels und der Erde. Ich glaube an die Gnade, die Gott uns Menschen damit erwiesen hat, dass er seinen eigenen Sohn für uns hingegeben hat. Ich glaube an ein Leben nach dem Tode, an das Walten des Heiligen Geistes, an die Gemeinschaft der Heiligen. Ich glaube daran, weil ich unzählige Male erlebt habe, dass es Dinge gibt, welche weder die Physik noch die Chemie, weder die Medizin noch die Psychologie noch irgendeine andere Wissenschaft jemals werden erklären können.

Obschon mir viele und fähige Mitarbeiter zur Seite stehen, bin ich öfters allein, wenn schwierige Entscheide getroffen werden müssen. Ich weiss, weil ich es erfahren habe, dass mir in solchen Augenblicken einer über die Schulter blickt, der Frager, Richter, Helfer und Retter ist, und immer auch oberster Chef und letzte Instanz. Das ist die Situation, in der sich der Hauptmann befunden hat, und da hat sich in beinahe zweitausend Jahren nichts geändert.

JÖRG ZUMSTEIN *1923
Generalstabschef

Ein Zitat, das mir am Herzen liegt und das aus der Epoche stammt, da ich während Jahren mit Menschen aller Landesteile, aller Parteien um die Grundfrage gerungen habe: In welcher Verfassung befindet sich die Eidgenossenschaft? Und wir fanden in der Präambel eine Antwort, die mir doch lesenswert scheint, wie immer Sie unsere Bundesverfassung ausgestalten werden: «Im Namen Gottes des Allmächtigen, im Willen, den Bund der Eidgenossen zu erneuern, gewiss, dass frei nur bleibt, wer seine Freiheit gebraucht und dass die Stärke des Volkes sich misst am Wohl der Schwachen, eingedenk der Grenzen aller staatlichen Macht und der Pflicht, mitzuwirken am Frieden der Welt; haben Volk und Stände die folgende Verfassung beschlossen.»

In diesem Sinn sollten wir weiterarbeiten – Bundesrat, Parlament, Volk.

KURT FURGLER  *1924
Nationalrat, Bundesrat

Die Liebe wohnt im Herzen, nicht im Kopf. Tatsächlich wurzelt der Missbrauch in einer Verkopfung, Verzweckung, eigentlich Entmütterlichung des Christentums, dessen Zentrum das Herz Christi als das Gefäss der Liebe der Welt ist. Unsere Herzen müssen Ebenbilder des Herzens Christi werden. Die Weisheit des dornengekrönten Hauptes anzustreben, wäre Blasphemie, führte in die Sünde der intellektuellen Eitelkeit. Aber in der Liebe dem Herzen Christi nachzufolgen, sei des Christen höchstes Streben: «Wie du von Herzen milde und demutsvoll und rein, so soll nach deinem Bilde mein Herz gestaltet sein.» Unser Dasein auf Erden soll im Herzen Christi sein; in ihm, dem Weg und dem Ziel, wollen wir heimwärtsgehen zum Vater: «Unruhig ist unser Herz, bis es ruht in dir, o Gott.» (Augustinus)

MAX THÜRKAUF  *1925
Professor für physikalische Chemie in Basel

Die Macht Gottes konkretisiert sich immer wieder in einzelnen Menschen.

PETER NOLL   1926–1982
Professor für Strafrecht in Zürich

Das Gebet ist für mich so natürlich wie das Atmen. Gott soll in alle Lebensbereiche einbezogen werden. Er wird mir sicher die Weisheit geben, die richtige Entscheidung zu treffen.

PIRMIN ZURBRIGGEN   *1963
Olympiasieger, Weltmeister

Die Beziehung zu Jesus wurde mir zu einem wertvollen Schatz, den ich um keinen Preis mehr hergeben möchte.

In Christus habe ich die wahre Freiheit gefunden, die mich befähigt, endlich das zu tun, was ich im tiefsten Innern schon immer wollte; die Stillung meines Lebenshungers, der mich rastlos umhertrieb; das wirkliche Glück, das nicht von äusseren Umständen abhängt; die Geborgenheit, die mich von unnötigen Sorgen befreit und mir Zuversicht schenkt; das Vertrauen, das mir hilft, neuen Herausforderungen nicht auszuweichen; ein Bewusstsein, das mich wesentlich intensiver leben lässt; den Trost, der mich in Schwierigkeiten durchträgt; die Liebe, die ich meinen Mitmenschen und oft sogar meinen Feinden entgegenbringen kann; eine Ehrlichkeit, die mich ohne Masken leben lässt; die Entwicklung neuer Fähigkeiten und Talente; die Energie und Kraft, die ich für mein soziales und politisches Engagement brauche.

MARKUS MAGGI    *1964
Weltmeister

# Textnachweis und Autorenverzeichnis

Herausgeber und Verlag danken den Autoren und Verlagen für die Abdruckgenehmigung. In einigen Fällen war es nicht möglich, die genaue Quelle ausfindig zu machen.

Seite

Aebischer Paul. Aus Zeitschrift «Evangelische Woche» . . . . . . . . . . . . . . . . . . . . . . 93
Barth Karl
1. Aus «Letzte Zeugnisse».
© Theologischer Verlag Zürich, 1969
2. Gebet . . . . . . . . . . . . . . . . . . . . . . . . 68
Bibliander Theodor. Aus: J. J. Christiner, «Theodor Bibliander».
© Huber, Frauenfeld 1867 . . . . . . . . . . 15
Bitzius Albert. Aus «Predigten» Bd. 5.
© Francke, Bern 1908 . . . . . . . . . . . . . 44
Bolt Niklaus . . . . . . . . . . . . . . . . . . . . . . . 51
Brugger Ernst. Aus «Hoffnung für unsere Zukunft» Berichtband zum Deutschschweizerischen Evangelischen Kirchentag.
© Basileia Verlag, Basel 1963 . . . . . . . 99
Brunner Emil. Aus: «Unser Glaube», Eine christliche Unterweisung. 16. Aufl. 1987. Theologischer Verlag Zürich . . . . . . . . 72
Bullinger Heinrich. Aus: Carl Pestalozzi, «Heinrich Bullinger». Elberfeld 1858 . . . . . . . 16
Burckhardt Carl Jacob. 1. Ausschnitt aus «Am Grabe Rudolf Alexander Schröders» aus «Betrachtungen und Berichte». Manesse Verlag, Zürich 1964
2. Aus «Vom europäischen Geiste». Bayerische Verlagsanstalt GmbH, Bamberg 1955 . . . . . . 77
Calvin Johannes . . . . . . . . . . . . . . . . . . . 17
Carrard Alfred. 1. Aus «Die Erziehung zum Führer». Polygraphischer Verlag AG. 3., neu

Seite

durchgesehene und erweiterte Auflage, Zürich 1945
2. Aus «Schweizer Arbeitgeber-Zeitung» 11. 3. 1939 . . . . . . . . . . . . . . . . . . . . . . 71
Dufour Guillaume Henri . . . . . . . . . . . . . 30
Dunant Henry . . . . . . . . . . . . . . . . . . . . . 42
Dürrenmatt Peter. Aus «In die Zeit gesprochen». Fretz&Wasmuth, Zürich 1962 . . . . . . . . 89
Duttweiler Gottlieb. Aus «Überzeugungen und Einfälle». Ex Libris Verlag, Zürich 1962 . . . . . 69
Eggenberger Matthias. Aus «Hoffnung für unsere Zukunft» Berichtband zum Deutschschweiz. Evangelischen Kirchentag. Basileia Verlag, Basel 1963 . . . . . . . . . . 91
Escher von der Linth Hans Conrad. Aus: J. J. Hottinger, «H. C. Escher von der Linth». Orell Füssli Verlag, Zürich 1852 . . . . . . . . 28
Etter Philipp. Aus «Rede zur 600-Jahr-Feier der Schlacht bei Laupen», 1939 . . . . . . . . . 79
Eugster-Züst Howard. Aus: «Louis Specker: Politik aus der Nachfolge». Gotthelf Verlag, Zürich 1984 . . . . . . . . . . . . . . . . . . . . . 50
Faesi Robert. Aus «Erlebnisse und Ergebnisse». Atlantis Verlag, 1963 . . . . . . . . . . . . . . . 67
Federer Heinrich. Aus «Jungfer Therese». Rex Verlag, Luzern . . . . . . . . . . . . . . . . 52
Florentini Theodosius . . . . . . . . . . . . . . . 36
Furgler Kurt. Aus «Abschiedsrede vor der Bundesversammlung», Dez. 1986 . . . . . . . 108

| | Seite |
|---|---|
| Gfeller Simon. Aus «Gesammelte Erzählungen, Band 10: nver ffentlichtes, Briefe, Vermächtnis». Edition Franke im Cosmos Verlag, 3074 Muri | 55 |
| Ginsberg Ernst. Aus «Abschied». © 1965 by Verlags-AG Arche, Zürich | 88 |
| Girard Gregor. Aus «Berner Predigten». Paulus Verlag, Fribourg | 24 |
| Gotthelf Jeremias | 33 |
| von Greyerz Karl. Aus: «Adolf Maurer: Geschichten und Gestalten». Friedrich Reinhardt, Basel 1950 | 56 |
| Guisan Henri. 1. Aus «Gymnasiasten, Lausanne» 1945. 2. Aus «B. Vallotton: Cœur à cœur» Lausanne 1950, 3. Tagesbefehl | 57 |
| Häberlin Paul. Aus «Vom Menschen und seiner Bestimmung». Friedrich Reinhardt Verlag, Basel | 63 |
| Hänggi Anton. Aus «Bischofswort zur Fastenzeit», 1984 | 102 |
| von Haller Albrecht | 20 |
| Haller Berchtold. Aus: Melchior Kirchhofer, «Berchtold Haller». Orell Füssli Verlag, Zürich 1828 | 11 |
| Heer Oswald. Aus «Denkschrift». Bäschlin Verlag, Glarus 1910 | 37 |
| Heitler Walter | 87 |
| Heusser Meta | 34 |
| Hiltbrunner Hermann | 81 |
| Hilty Carl. 1. Aus «Rektoratsrede», Bern 1901 2. Aus «Jahrbuch» 1909. 3. Aus «Glück», Band 1 | 43 |
| Huber Eugen. Aus «Über soziale Gesinnung». K. J. Wyss Verlag, Bern 1913 | 48 |
| Huber Max | 58 |
| Hürlimann Hans «Originalbeitrag» | 105 |
| Iselin Isaak | 21 |
| Jaspers Karl. Aus «Die Atombombe und die Zukunft der Menschheit». R. Piper & Co. Verlag, München 1957 | 65 |

| | Seite |
|---|---|
| Journet Charles. Aus «Les sept paroles du Christ en Croix», Paris 1942 | 78 |
| Kägi-Fuchsmann Regina. Aus: «Fritz Wartenweiler: Habt Dank ihr Frauen». Rotapfel Zürich, 3. Aufl. 1965 | 73 |
| Kägi Werner. 1. Aus «Mut und Demut». 1982 2. Aus «Geschäftsmann und Christ» Heft 12/1985 | 95 |
| Keller Augustin | 35 |
| Keller Gottfried. Aus: «Bettagsmandaten» | 39 |
| Klaus von Flüe. Aus «Schreiben an den Rat von Bern», 1482 | 7 |
| Kocher Theodor. Aus: «E. Bonjour: Theodor Kocher». Haupt, Bern 1981 | 45 |
| Kurz Gertrud | 75 |
| Lavater Johann Caspar | 22 |
| Lejeune Leo. Aus «Bettagsmandat». 1968 | 100 |
| Loosli Carl Albert. Aus «Nonkonformist und Weltbürger». Fischer Verlag, Münsingen 1972 | 59 |
| Maggi Markus. Aus «Balanceakt – Ein Weltmeister zwischen Erfolg und Erfüllung» 3. erw. Aufl. 1987. Brunnen Verlag, Basel | 112 |
| Marbach Fritz. Aus «Hoffnung für unsere Zukunft». Berichtband zum Deutschschweiz. Evangelischen Kirchentag. Basileia Verlag, Basel 1963 | 80 |
| Marti Kurt. Aus «La vie protestante» 20. 11. 1970 | 106 |
| Messmer Willy. Aus «Ansprache am Christustag in Bern», 1980 | 103 |
| Meyer Conrad Ferdinand | 41 |
| Minger Rudolf. 1. Aus Ansprache «Landsgemeinde in Windisch», 3. 7. 1937, 2. Erklärung 1935 3. Aus «An die Schweizer Jugend» Radioansprache 27. 11. 1939 | 64 |
| von Muralt Johannes. Aus: J. Finseler, «Bemerkungen aus dem Leben des Johannes von Muralt». Orell Füssli Verlag, Zürich | 18 |

|   | Seite |
|---|---|
| Noll Peter. Aus «Diktate über Sterben und Tod». Pendo Verlag AG, Zürich 1984 | 110 |
| Oekolampad Johannes | 8 |
| Olgiati Rodolfo. Aus «Werkplätze der Zukunft» Herbert Lang + Cie AG Bern (Schweiz), Peter Lang GmbH, Frankfurt/M. (BRD), 1975 | 90 |
| von Orelli-Rinderknecht Susanna | 46 |
| Paracelsus Theophrastus | 12 |
| Picard Max. Aus «Flucht vor Gott». Rentsch, Erlenbach 1934 | 70 |
| Pestalozzi Heinrich. Aus «Abendstunde eines Einsiedlers» | 23 |
| Pieczynska-Reichenbach Emma. Aus: «Fritz Wartenweiler: Habt Dank ihr Frauen». Rotapfel, Zürich 3. Aufl. 1965 | 47 |
| Platter Thomas. Aus «Brief an Felix Platter» | 14 |
| de Quervain Alfred. Aus «Der christliche Sinn der Eidgenossenschaft» | 82 |
| Ragaz Leonhard | 54 |
| Ramuz Charles Ferdinand. Aus «Bedürfnis nach Grösse». Zürich 1938 | 62 |
| Reynold Gonzague de | 66 |
| Ritschard Willy. Aus: Max Hofer (Hrsg.), «Anton Hänggi – Bischof in Rufweite». Kanisius Verlag, Freiburg 1985, S. 86–88 | 104 |
| de Rougemont Denis. Aus «Aufgabe oder Selbstaufgabe der Schweiz». Rascher 1941 | 92 |
| Schenk Carl. Aus «Brief zur Konfirmation» | 40 |
| Scheuchzer Johann Jakob | 19 |
| Schindler Dietrich. Aus «Wissenschaft und Glaube». Vortrag 10. 10. 1943 | 74 |
| Schutz Roger. Aus: «Einer Liebe staunen». Herder, Freiburg 1980 | 101 |
| von Segesser Philipp Anton. Aus: Conzemius, «Ph. A. von Segesser». Benziger, Einsiedeln 1977 | 38 |
| Spoerri Theophil. Aus: «Die Kunst mit dem andern zu leben». Herder, Freiburg 1975 | 76 |

|   | Seite |
|---|---|
| de Staël Germaine. Aus «Kein Herz, das mehr geliebt hat». S. Fischer, Frankfurt 1971 | 26 |
| Stapfer Philipp Albert. Aus «Bettagsproklamation», 1798 | 27 |
| Studer Bernhard. Aus «Glaube und Wissen». Stämpfli Verlag, Bern 1856 | 31 |
| von Tavel Rudolf. Aus «Gedanken». Francke Verlag, Bern | 53 |
| Thürer Georg. Aus «Suchende Jugend vor der Kirche», 1949 | 94 |
| Thürkauf Max. Aus «Christuswärts – Glaubenshilfe gegen den naturwissenschaftlichen Atheismus». Christiana Verlag, Stein am Rhein, 3. Aufl. 1987 | 109 |
| Tournier Paul. Aus «Der Zwiespalt des modernen Menschen». Schwabe Verlag, Basel 1949 | 84 |
| Troxler Ignaz Paul Vital | 29 |
| Tschudi Hans-Peter «Originalbeitrag» | 98 |
| Vinet Alexandre. Aus: Stucki (Hrsg.), «Gedanken». Buchhandlung der evang. Gesellschaft, St. Gallen 1935 | 32 |
| Wahlen Friedrich Traugott. Aus «Rede zum 1. August in Trimstein», 1973 | 86 |
| Waser Maria | 60 |
| von Watt Joachim | 10 |
| Zuckmayer Carl. Aus: Carl Zuckmayer/Karl Barth: «Späte Freundschaft in Briefen». 8. Aufl. 1986. Theologischer Verlag, Zürich | 83 |
| Zumstein Jörg. Aus «Geschäftsmann und Christ» | 107 |
| Zurbriggen Pirmin. Aus: Magazin «Solidarität», Bern 1987 | 111 |
| Zwingli Huldrych. 1. Aus «Vermahnung an die Eidgenossen», 1524 | 9 |
| Zwygart Otto. Aus «Rede zum 1. August auf St. Chrischona», 1978 | 96 |